JN131847

はじめに

　商工総合研究所は、中小企業の組織化に対する助成事業として、毎年「中小企業活性化懸賞レポート(旧 中小企業組織活動懸賞レポート)」の募集・表彰を行っており、今年度で26回目となります。

　中小企業活性化懸賞レポートは、中小企業組合をはじめＮＰＯ法人、中小企業支援機関などの連携・組織活動や支援活動に携わる皆様から、日頃の活動内容などをレポートにまとめご応募いただくものです。

　記載された活動内容は多岐にわたりますが、いずれのレポートからも活動に対するやりがいや熱い思いが伝わって参ります。特に、各賞に選定された作品には他の連携組織や支援活動の参考になる活動が多数あることから、「中小企業活性化懸賞レポート受賞作品集」として毎年出版しております。

　本書から読み取れるのは、連携・組織活動は経営資源に限りのある中小企業にとって有力な経営戦略であると同時に、その多くは地域活性化にも役立つということです。また、活動の原動力となるのは現場のリーダーや担当者の熱意であり、伴走者としての支援機関の支援活動が果たす役割も重要です。こうした思いが込められたレポートを、本書を通じて多くの皆様に紹介して参りたいと考えております。

　本書の刊行にあたっては、受賞作品の執筆者の皆様をはじめ多くの方々にご協力いただきました。心よりお礼申し上げます。本書が連携・組織活動および支援活動に携わる皆様のお役に立てれば幸いです。

2023年3月

一般財団法人 商工総合研究所

目　　次

特賞作品

本賞作品

審査委員長総評

森下　正

明治大学専任教授

　一般財団法人 商工総合研究所による「第26回　中小企業活性化懸賞レポート」は、2022年度より「中小企業組織活動懸賞レポート」から名称変更し、全国の中小企業者と組合等連携組織の関係者、そして中小企業支援機関、地域の金融機関などの皆様からも、広く中小企業支援に関する経験に基づくレポートを募集した。今年度の応募作品は6編に留まったが、審査委員一同、厳正な審査を行った結果、特賞1編、本賞2編を決定した。

　今年度の応募作品は、応募作品の対象を従来からの連携・組織活動に中小企業活性化支援活動を加えたことから、事業承継支援やスタートアップ企業に対する支援など、従来にはない新たな視点のレポートが寄せられた。

　特に受賞作品は、いずれも熱意ある取組が紹介され、審査員を共感させる内容であった。例えば、多くの中小企業にとって事業承継は、企業自体の存続のみならず、地域経済の維持と発展につながる経済・社会的な意義がある。また、スタートアップ企業による円滑な研究開発と事業の発展に果たす組合の設立支援と、その組合が果たす機能と役割は、欧米諸国に比して低い開業率の解決にも資することが期待される。さらに、自治体主導ではなく、地域の中小企業者が主体となって地域活性化を目指す組織化は、今後、全国的に拡大することを願いたい。

　一方、惜しくも受賞を逃した作品は、連携・組織活動や支援活動の内容紹介に留まっていた。可能であれば、多様な活動の説明に加え、運営主体や支援者として困難に直面した時の苦労やその打開策、あるいは共に活動した仲間や支援を受けた事業者からの声など、より明確な事実描写が欲しかった。

　さて本年度の受賞作品のうち、『商工会が繋ぐ小規模事業者同士の事業

承継 -商工会ならではの事業承継とは-』（平野由香氏）は、審査委員全員が満場一致で特賞に決定した。本賞は『新たなビジネスプレイヤーのための組合活用とその支援-スタートアップ組合によるイノベーション創出への試み-』（中本浩喜氏）と『薩摩川内市に「いてよかった！来て良かった！」と思えるまちを目指して。～全国でも珍しい、異業種の中小企業が加入し構成している事業協同組合薩摩川内市企業連携協議会の取り組み～』（宮里敏郎氏）が受賞した。

　まず特賞の平野レポートは、事業承継という時宜を得た話題であった。地域の支援機関であり、かつ地元密着の商工会だからできる人の顔がよく見え、心の通った支援について、実際の現場での出来事を詳細に伝えるレポートであった。具体的には、筆者に不足する支援ノウハウは所内の先輩や商工会の会長をはじめ、地域の実力者の力を借りて補ったこと、あるいはこの基盤となった日常的に所内及び会員企業とコミュニケーションを図っていたことなど、情景が思い描ける記述であった。しかも、中小企業の伴走型支援にとっての経営指導は、個人の力量も必要だが、適材適所で必要となる人材を巻き込んで展開していくことの大切さが十分に伝わってきた。他の支援機関の方にも参考となるレポートであり、かつ多くの読者が現場感覚で共感できる内容との判定により、今回、特賞の受賞となった。

　次に本賞の中本レポートは、スタートアップ企業が抱える経営資源不足を補う組合のあり方と運営という新たな視点を提示した。マネジメントや資金面、販路開拓や間接業務面での協働化は、既存の企業組合や事業協同組合で従来から行われてきた典型的な組合事業である。この組合事業が新しい市場を開拓するスタートアップ企業にも応用可能であることを、実際の組合設立支援から組合運営に至るまでのプロセスを通じて明確化したことから、特賞に次ぐ高い評価を得た。

　また宮里レポートは、地元の異業種の中小事業者が集って連絡協議会を立ち上げ、自主的な共同事業を展開する事例の紹介であった。全国の地方自治体が主導して中小企業等による任意団体を設立し、地域活性化や産業振興に取り組むケースは多々ある。しかし、組合員の希望をもとに、多種多様な共同事業を実施することで、自分たちの力で地域経済と社会の未来を築くための取組が詳述されていた。本レポートにある取組が今後、全国

の中小企業者が地域のために取り組む組合の運営手法と展開に参考となることから、高い評価となった。

　以上の受賞者に対し、心よりお祝い申し上げるとともに、今後のご活躍をご祈念申し上げる。

　さて2022年度は「中小企業組織活動懸賞レポート」から「中小企業活性化懸賞レポート」へと装いを新たにしてレポートの募集を行ったが、応募作品は非常に少ない結果に留まった。3年間も続いている新型コロナウイルス感染症による直接的な影響と、それに伴う緊急対策などで、中小企業支援の現場は、火の車であったはずである。

　とはいえ、現場で展開された連携・組織活動や支援活動に関する今回の受賞作品が有する読者への訴求力は、今まで以上に力強いものであった。したがって、次年度以降も論文形式ではない「中小企業活性化懸賞レポート」は、筆者自身の実体験と心の動き、あるいは支援対象者や協力者による生の言葉など、より現場目線のレポートを多数お寄せ頂きたい。そして、できるだけ多くのレポート作品を通じて、全国の中小企業と組合、あるいは支援関係者に参考となる多様な知見を広く普及できることを期待したい。

特賞作品

商工会が繋ぐ
小規模事業者同士の事業承継
～商工会ならではの事業承継とは～

平野　由香

天草市商工会
主任経営支援員

要　旨

　熊本県の離島で構成される天草市。イルカウォッチングや天草島原の乱の歴史など、観光資源が豊富で、修学旅行客をはじめ、国内外の多くの観光客に愛される地域です。交流人口は増えていても、地域を支える労働人口は大きく減少、経営者の高齢化による廃業が相次いでいます。そこに新型コロナウイルス感染症の影響が大きくのしかかり、経済は急速に冷え込んでいきました。

　天草市の中でも郡部を管轄とする天草市商工会では、地域経済を守ろうと事業承継支援と新型コロナウイルス感染症に関わる支援の両輪で地域の商工業者のサポートを実施しています。

　本件は高齢と病による廃業と、経営の立て直しを図る若い後継者の支援を同時に行い、地域住民の生活に寄与できた支援事例です。

　商工会ならではの支援の入り口、泥臭い支援、商工会の事業承継支援ならではのメリット、デメリットについてまとめました。

≪01 はじめに

　私が支援を行っている天草市は平成18年3月、大合併にて2市8町（本渡市、牛深市、有明町、御所浦町、倉岳町、栖本町、新和町、五和町、天草町、河浦町）が合併し、面積683.82平方キロメートル、大小100以上の諸島で構成される地域で、令和2年の国勢調査によると総人口は75,783人、31,873世帯です。人口減少を続けており、約5年前の平成27年と比較すると約8.4%も減少している。その中でも今回の舞台となる御所浦町という離島では417名の減少、約15.3%の減少幅となっており、生活のインフラ維持すらも危うい状況に陥っている地域です。（参照：天草市役所HP）

≪02 商工会職員・経営支援員として

　私は御所浦町横浦島で生まれ育ち、平成8年から天草市商工会に採用されました。商工会とは地域の市町村に設置される公的な中小企業支援機関です。その中で経営支援員として、小規模事業者の記帳指導をはじめとした経営改善に寄与する支援を行っております。

　天草市商工会では経営支援力の強化を目指し、業務の見直しと組織体制の見直しを積極的に行っています。そして約5年前から天草市商工会では経営支援を重点的に行う主任経営支援員というポジションを設け、私はその職務に就いています。

≪03 事業承継支援のきっかけ

　令和3年3月25日、確定申告後の事務処理で大野電気・石油店を訪れた際に大野氏より「島民の方には心苦しいが、令和3年12月いっぱいでガソリンと灯油の販売をやめる」と伝えられました。それは高齢と闘病によることが要因でした。

　大野電気・石油店は横浦島で唯一の燃料販売店であり、約40年前に兵庫県から実家である横浦島に戻り、母親の燃料販売店を引き継がれました。以来、石油店兼電器店として、燃料の配達からボイラーの販売や修理を行い、島民

の生活を支えてこられました。横浦島は260世帯、565名の小さな島で、燃料需要があるのかと思われがちですが、未だに灯油で暖房器具はもちろん、給湯も行っている家庭が多く、灯油のニーズは底堅く存在します。

　そんな横浦島で大野氏が燃料販売をやめることは住民の生活維持に直結します。商工会職員として、一住民として、事業を継続してほしいと思う一方、75歳という年齢と闘病生活も考えると、安心して引退していただきたいとの思いもあり、どうすれば良いか分からなくなりました。そこで本会の経営指導員である舟川経営指導員と、熊本県商工会連合会の特任支援課に相談しました。

《04》 事業承継支援に入る前に状況を整理

　熊本県商工会連合会からは特任支援課で天草担当の鶴田指導員に入っていただきました。特任支援課とは、令和元年に創設された事業承継に特化した部署です。天草市を担当していた鶴田特任経営指導員は元々天草市商工会で長く勤められた方で、天草の地域性や御所浦の状況をよく理解されている経営指導員でした。相談した結果、以下の順番で支援を考えてみることにしました。

（1）第三者に事業承継するだけの収益・魅力が見いだせるのか？

（2）大野ご夫妻に第三者承継の意思があるのか？

（3）既に廃業前提であるのであればオープンネームで後継者を探せないか？

　最初に燃料販売事業の収益を洗い出しました。大野電気・石油店は個人事業です。2つの事業が一つの財布の中で動いています。大手のように部門別収益を計算しているわけではありません。過去の決算書、元帳、取引伝票を預かり、直近の石油事業のみの実績表を作成しました。通信費や車両費など電気事業にも使用したと思われる経費はすべて石油事業の経費に計上し、厳しめの数字を組みました。すると十分事業として成立するだけの利益を生み出していることが分かりました。しかし、この数字はあくまで現段階のものであり、人口減少の進行を加味するとシナジーの働く方でないと単独事業としては承継しにくいと判断しました。大野氏ご夫妻に私たちが分析した結果を確認いただくと、ご夫妻の肌感覚とも近い数字であることが分かりました。

次に大野氏ご夫妻に第三者への事業譲渡の可能性を尋ねました。ご夫妻としては「令和3年いっぱいでの石油事業廃止は決定事項ではあるが、もしその期日までに引き継いでも良いという方がいらっしゃれば、それは島民の方の為にも良いことだ。」と第三者承継へ動いてくださることとなりました。また、通常は事業所名を非公開で後継者を探しますが、既に島民の方々に廃業を伝えていること、引き継ぎ候補者を早く探すためにはオープンネームでマッチングする方が具体的な動きになりやすいことを説明し、オープンネームでの後継者探しをすることになりました。

≪05 後継者候補の選定

いざ後継者候補を探そうとすると、離島であるがゆえに早速厳しい現実が突き付けられました。もともと横浦島で事業展開が可能な方が少ないのです。さらに先述のとおり、短期的には事業価値があるものの、将来を見据えるとシナジー効果のある方が好ましいと判断しました。さらに、令和3年は新型コロナウイルス感染症が猛威を振るっており、御所浦町でも水産業や観光関連業は大いに景況感が冷え込んでいる状況で、新たな事業展開に興味を持ってくださる方は多くはありませんでした。

石油事業の存続はやはり難しいのか。そんな思いの中、別件で親族内承継支援を行っていました。それが今回の後継者となる山下商店の山下幹生氏でした。

山下幹生氏は43歳で、横浦島で両親と一緒に海上タクシーと小さな商店を営んでいる方です。商工会の青年部という若手経営者、後継者組織の部長を務めている、地元の顔といえる方で、もともとは父親からの事業承継を進めていく相談でした。

海上タクシーとは、本土と御所浦町を結ぶ交通インフラです。多くの方は定期船で片道400円の切符で行き来しますが、陸上のタクシーと同様に時間に左右されずに移動したい方や、交通機関が無い深夜帯の利用が多い仕事です。コロナ禍で観光客や宴会需要等が減少すると、海上タクシーの需要も同じように減少していく、厳しい状況が続いていました。

山下氏に「人口減少の一途を辿るこの島で商売を続けていくのであれば、

複数の事業の柱を持たなければ、経営を継続していくことは難しい。しかも新規のビジネスを立ち上げるにはコロナ禍の出口が見えない今はリスクが大きい。数字がある程度見えているこの島の燃料事業を引き継いでみないか？」と事業の引き継ぎを持ち掛けました。山下氏の耳にも大野氏の燃料事業廃止の一報は届いており、島民の為になるのであればと前向きに検討していくこととなりました。

《06 基本合意

大野氏と山下氏より秘密保持契約書にサインをいただき、私たちが作成した燃料事業の収益実績表を山下氏に公開しました。それをもとに家族会議が数回行われ、最後は私たちも同席して協議しました。特に燃料事業の作業手順見直しによる業務効率化、海上タクシーの燃料コストの低減（相乗効果）について可能性を説明しました。その結果、大野氏の燃料事業承継に手を挙げることを決意されました。その足で大野氏ご夫妻に山下氏が手を挙げられたこと、そこに至るまでに苦悩されたことをお伝えに行くと、「同じ島内で頑張っている若者が引き継いでくれるのであれば、これ以上ない候補先だ。」と喜ばれました。島内の事業所同士、商工会の会員事業所同士の事業承継支援が本格的にスタートした瞬間でした。

《07 事業承継への壁

まだまだ今の段階では基本合意を形成した状態です。ここから大きく3つの視点で支援を行っていきました。
（1）事業を引き継ぐための資格の取得
（2）承継後の事業実施場所の確保や、それに伴う予算の積算
（3）取引先や販売先への説明
まず、事業を引き継ぐためにはガソリンを取り扱う危険物取扱者（乙種4類）の資格が必要でしたので、山下氏に受験の準備を進めていただき、令和3年12月に無事取得できました。
次に事業の実施場所についてです。大野氏が燃料事業の販売を行っていた

のは自宅の敷地内であり、今後も継続して使用していくことは困難でした。そこで、山下氏の自宅近くの土地に燃料の貯蔵庫を建築する必要がありました。ブロック塀の簡素な建築物をイメージしていたので、そこまで大きな予算は必要ないと考えておりましたが、消防法が想定していたよりも厳格で、中の照明や入り口の鉄製のドアなど、思った以上に予算が必要となりました。また、燃料運搬車両のトラックも新たに整える必要が生じたため、何度も電卓を叩きなおしました。

　最後に取引先や販売先への説明です。販売先である島内の家庭や事業所には大野氏から説明をしていただきましたが、仕入先については新たに探す必要が出てきました。燃料が仕入れられなければ、そもそも仕事ができません。この事業承継支援で一番頭を抱えたところです。山下氏や私も知人等と頼って探しましたが見つからず、万策尽きたと所属する天草市商工会の古賀会長に報告しました。古賀会長は当時市議会議員も務めておられた会長です。会長の紹介、仲介により天草地域で一番大手の燃料販売店が「天草のためならば」と協力してくださることになりました。この時の安堵感は今でも鮮明に記憶しています。

《08 事業承継の最終締結に向けて

　相談の着手から約8カ月間、計20回以上に渡る相談対応により、この事業承継は令和3年11月12日に事業譲渡締結式を行うことができました。基本的に使える資材や設備はすべて山下氏が使用でき、奥様の大野ちづよ氏が1年間はパートとしてサポートしてくださることとなりました。写真のとおり、事業を譲渡する大野氏ご夫妻、事業を引き継ぐ山下氏の笑顔ですべての苦労が報われました。大野さんにとっては一段落。山下さんにとってはこれからがスタートです。地元新聞社やケーブルメディアにも取り上げていただき、地元の方々に今後も安心して燃料の供給ができることを知らせる機会にすることができました。これも商工会が各社にプレスリリースを発信したからできた宣伝効果だったと思います。

《09　山下氏の事業化に向けた支援

　事業承継手続きは完了しましたが、事業がうまく回りだすまでは安心できません。最重要課題は先述した費用の増加に対する資金面の対応です。今回は２つの補助制度を活用しました。

　１つ目は天草市の企業創業資金支援事業補助金（第二創業枠）を活用しました。これは天草市が創業者向けに創設した補助メニューで、その中に第二創業枠がありました。今回は山下氏がお父様からの事業承継をした直後の燃料事業の譲受けだったため、この第二創業枠が活用できました。天草市の産業政策課の皆様にも大変ご尽力いただきました。

　次に事業再構築補助金の活用です。コロナ禍で海上タクシー事業の落ち込みがありましたので、本補助金の事業再編型を活用しました。この補助金が大変ありがたいのは既に支出済みの事業費を訴求して補助対象とすることができること、建設費（今回でいえば貯蔵庫の建設費）が対象となること、緊急事態宣言特別枠で補助率が3/4に引き上げられることでした。

　この２つの補助制度の良い点を組み合わせることで、今回の事業承継に必要な多くの予算を補助対象経費とすることができました。採択結果もすべて良好であり、貯蔵庫建設費用が膨らんだ部分はありましたが、当初の設備投資計画どおりに進めることが可能になりました。

《10　事業承継後の経営支援員としての役割

　事業承継が無事完了して事業が回り始めた今、私ができることは日々の資金面や帳簿面でのサポートです。これまで以上に忙しくなった山下氏はなかなか日々の管理面まで気も目も行き届いていませんが、燃料販売は多くの税金や補助が絡みますので、厳密な管理が必要です。帳簿付けや資金繰り表の作成など、現在進行形でどのようにサポートしていこうかと日々戦っています。また、補助事業のサポートに奮闘いただいている舟川経営指導員とも初めてのことを一緒に学びながら支援に励んでいます。まだまだ40代で将来にはさらなる展望も描いている山下氏です。彼の成長が島の発展につながると信じて支援を続けていきます。

《11》 天草市商工会が事業承継締結まで支援できたポイント

　これまで個人事業主の親族内承継には税務面での相談対応として携わってきましたが、第三者への事業承継は初めての経験となりました。様々な壁はありましたが、無事に事業承継ができ、地域を支えることができたのは、簡単なことではなく、以下のような複数の要因や関係者の協力があったからこそです。

（1）天草市商工会が顔の見える経営支援機関であること

　私が今回の舞台となった御所浦の出身というのもありますが、天草市商工会が巡回に重きを置き、何かあればすぐに相談いただける関係性があったことは非常に大きな要素だったと思います。廃業という言葉にたどり着くまで、私には到底想像もできないような苦しみや葛藤があったと思います。静かに廃業される方が多い中で最後に私にご相談いただいたことは光栄でした。後継者候補探しでも同じことがいえると思います。本来、離島の小規模事業者が事業を譲渡しようと考え、事業承継プラットフォームに乗せたとしても、実現は難しかったと思います。地域の特性や事業者の家族構成や性格まで？分かり合えている商工会は、地域の小規模事業者同士の事業承継プラットフォームとして大変優れていると思います。

（2）天草市商工会の経営支援体制

　私が主体的に事業承継支援に取り組むことができたのは、天草市商工会が積極的に経営指導に関わっていく主任経営支援員というポジションを設けていたからです。また、商工会長が経営支援で困った時に取引先を仲介してくださったように、経営支援のバックアップ体制がありました。今回の事業承継支援は私というより、組織として、経営支援員として一歩前に踏み出せた支援だったと思います。

（3）熊本県商工会連合会の事業承継に対する取り組みと支援

　大野氏ご夫妻が燃料事業をやめることを私に伝えられた時、以前の私ならば「残念です」と暗い顔をしていたと思います。令和元年度に熊本県商工会連合会が事業承継支援を第一義に掲げ、特任支援課を組織しました。それから職員に対する知識充足の機会をたくさん設けてくださいました。事業をやめる前にもう一足掻きできないかと咄嗟に考えられたのは、事業承継支援が

経営支援の標準メニューだと私が考えられるまで指導してくださったおかげだと思います。さらに実務面でもサポートしてくださったので、初めての事業承継相談でも自信をもって事業所と接することができました。

《12》 商工会ならではの事業承継支援の悩み

　一方で、商工会や会員事業所同士ならではの支援における苦悩もありました。それは事業承継において、できるなら事業を高く譲渡したい譲渡者と、できる限り安く事業を譲り受けたい譲受者では利益が相反するからです。無事に事業承継できればその苦労も報われますが、もし不成立に終わった場合、同じ島で暮らす2者の関係性が悪化しないように気を配りました。今回は事業譲渡側の大野氏に私が、譲受側の山下氏には経営指導員が付き、現実的な落としどころを綿密に話し合い、慎重な協議を何度も重ねました。今思い返しても胃がキリキリしてきます。

《13》 最後に

　ここ10年で商工会という組織の在り方が大きく問われていると感じています。それはコロナ禍によってさらに加速しました。私たちはコンサルティング会社でも税理士事務所でも市役所でもありません。補助金が投入された公的支援機関であり、地域経済団体です。補助金を投入される意味を深く考えていかなければなりません。

　今回の支援を通じて長年頑張ってこられた大野さんに花道を作ることができました。山下さんは新たな事業収入をえることができました。このことによって地域住民の生活も守れました。このような支援こそが、数ある答えの一つではないかと私は考えます。

令和2年国勢調査における人口と推移

（令和3年11月30日作成）

	H12年国調	H17年国調	H22年国調	H27年国調	R2年国調	R2年国調世帯数	H27年国調との増減	増減率	天草市人口予測
本渡	41,090	39,944	38,834	38,177	36,640	14,940	▲ 1,537	▲ 4.03	37,213
牛深	18,284	16,609	14,669	13,031	11,313	5,344	▲ 1,718	▲ 13.18	11,457
有明	6,378	6,057	5,510	4,977	4,511	1,779	▲ 466	▲ 9.36	4,427
御所浦	4,097	3,615	3,163	2,735	2,318	1,061	▲ 417	▲ 15.25	2,336
倉岳	3,861	3,493	3,085	2,812	2,533	1,065	▲ 279	▲ 9.92	2,526
栖本	3,011	2,794	2,489	2,158	1,966	749	▲ 192	▲ 8.90	1,862
新和	4,357	3,960	3,387	3,018	2,689	1,112	▲ 329	▲ 10.90	2,668
五和	10,717	9,932	9,137	8,168	7,369	2,836	▲ 799	▲ 9.78	7,215
天草	4,676	4,233	3,572	3,074	2,607	1,301	▲ 467	▲ 15.19	2,634
河浦	6,436	5,836	5,219	4,589	3,837	1,686	▲ 752	▲ 16.39	3,985
天草市	102,907	96,473	89,065	82,739	75,783	31,873	▲ 6,956	▲ 8.41	76,323

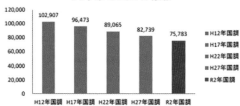

天草市の人口の推移

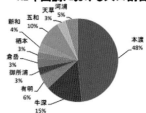

R2年国調における人口割合

天草市人口予測　…平成22年国勢調査と平成27年国勢調査の人口を基に、コーホート変化率法を用いて政策企画課にて算出した令和2年の人口予測

出典：天草市ホームページ https://www.city.amakusa.kumamoto.jp/kiji003726/3_726_37996_up_437samar.pdf

2021.11.12　事業譲渡締結式
左から平野、大野ちづよ氏、大野孝幸氏、山下幹生氏、古賀源一郎商工会長

本賞作品

新たなビジネスプレイヤーのための組合活用とその支援

―スタートアップ組合によるイノベーション創出への試み―

中本　浩喜

株式会社商工組合中央金庫 ソリューション事業部
ソリューションクリエイターグループ　調査役

要旨

　株式会社商工組合中央金庫（以下、商工中金）は、全国各地の支援セクター及び中央会・中小企業組合と幅広く連携し、産業発展への踏み込んだ支援を行っています。

　日本産業界の国際競争力低下・イノベーションの低下が叫ばれて久しい中、スタートアップ企業及びそのビジネス育成のための事業協同組合を新たに構想し、設立を支援した事例を紹介します。

　スタートアップ企業の多くは、尖った技術やアイディアを保有していますが、人材、資金、顧客ネットワークといった経営資源が不足しがちであり、必ずしも十分なマネジメントのもとでプロダクト開発ができているとは言えません。あるいは、尖った技術やアイディアが、そのままでは顧客課題を解決するサービスに至っておらず、ビジネスとしての成長に時間を要しているといった課題も散見されます。

　本稿では、こうしたスタートアップ企業特有の課題を、事業協同組合という枠組みによって補完・解決し、今の産業界に必要な企業支援のあり方を探求した活動のレポートです。

※本取組は当職が公益財団法人ふくい産業支援センターへ出向中に実施した内容です。

《01》 大学発スタートアップ企業を取り巻く課題

　昨今、GAFAMを筆頭とする新興企業が米国の経済成長に大きく貢献しているように、我が国においてもスタートアップ企業（革新的な技術・サービスを持つ新興企業）は雇用、所得、財政を支える成長ドライバーとして期待されており、足元では政府による様々な支援策や、投資機関や金融機関の施策も盛り上がりを見せています。

　その中でも、特に「大学発」スタートアップは、大学に潜在する研究成果を掘り起こし、新規性の高い製品やサービスにより、新市場の創出を目指す「イノベーションの担い手」として高く期待されておりますが、我が国の事業環境は必ずしも彼らにとって十分とは言えません。

　例えば、人材面では、コアになる技術系人材はある程度確保できますが、資金調達や製品化に向けた開発マネジメントを行う人材などが非常に不足しています。経済産業省の調査によると、大学発スタートアップのCEO、CTOの経歴として「大学・公的機関の教職員、研究者」が最も多く、「大企業・中小企業の経営層」や「金融機関・投資機関」の割合は比較的少ないといった傾向が見られます。（図１）

　こうした偏りのある経営陣（あるいは社内スタッフ）では、必ずしも十分でないマネジメントのもとで、本来必要な額より少ない資金と短い時間でプロダクトを開発せざるを得ないことも多く、市場やステークホルダーのニーズに応えて収益を積み重ねていく、いわゆる「事業化」サイクルに到達することが困難となっているケースが見られます。

　また、大学発スタートアップの半数以上は、大学で達成された研究成果に基づく特許や、新たな技術・ビジネス手法を事業化する目的で新規に設立された「研究成果ベンチャー」であると言われています。こうした企業が事業化ステージに進むには、顧客の中に点在する潜在的なニーズへアプローチし、フィードバックを得て実利用に耐えうるサービスやプロダクトにデザインする（＝磨き上げる）ことが最も重要ですが、先述の人材の偏りや不足等から、それが十分になされている企業は多いとは言えません。

　当然ながら、いくら尖った技術を保有していてもそれだけではビジネスとはならないため、プロダクト等の生産から顧客へ販売して資金を回収するま

でのビジネスモデルをデザインする必要があります。つまり、商流全体を適切に構築し、経営戦略を持って会社を動かして初めて持続的なビジネスになると言えますが、そのような絵を描ける人材も少ないことから、徐々に追加の資金調達や研究開発案件の獲得に困難が生じ、結果的に事業化の道半ばで行き詰まってしまうことがよくあります。

　こうした総合力の不足から、有望な技術やノウハウが日の目を見ることなく、再び埋もれてしまうことも少なくありません。これが、大学発スタートアップ企業を取り巻く大きな課題です。

（図1：経済産業省　令和3年度産業技術調査事業「大学発ベンチャーの実態等に関する調査」より）

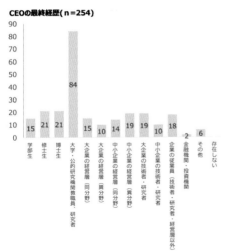
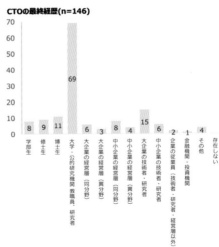

《02　取り組みの経緯

　本取組は、このような大学発スタートアップ企業を取り巻く課題や環境を改善し、我が国のオープンイノベーション・エコシステムに変革を起こすことを目指し、2018年に商工中金社内で開催されたビジネスコンテストで構想されたアイディアが出発点です。

　実は日本の大学の研究論文の約4割は米国の特許に引用されている一方で、大学の特許を通じた日本全体のライセンス収入は米国の1%程度の金額しかありません。つまり、日本は大学の研究で高いポテンシャルを持っているにもかかわらず、それを自国のビジネスに活かせておらず、かつ十分に収益に繋げることができていないという現状があります。

　研究成果をビジネスにしていく循環を作ることができれば、国内経済、ひいては中小企業の事業成長を後押しできると考え、担い手である大学発スタートアップ企業を育成支援（インキュベーション）する方法を考えようと参加メンバーでアイディアを練りました。その解決策の一つが「不足する経営リソースの補完」であり、実現の手段として、古くは小規模事業者らがお互いを支え合うために作られた「協同組合」をヒントに、現代版にアップデートしたスタートアップ組合構想を本コンテストで形作りました。

　この構想は、組合機能により大学発スタートアップの経営リソース補完を行い、成長可能性を高めるとともに、スタートアップ組合と他の中小企業との交流や連携を商工中金が後押しし、ビジネスの新陳代謝を促すことで、最終的に中小企業全体の持続可能性を高めていくことを目指したものでした。

（図2：2018年商工中金ビジネスプランコンテストで構築したアイディア　※当職作成図）

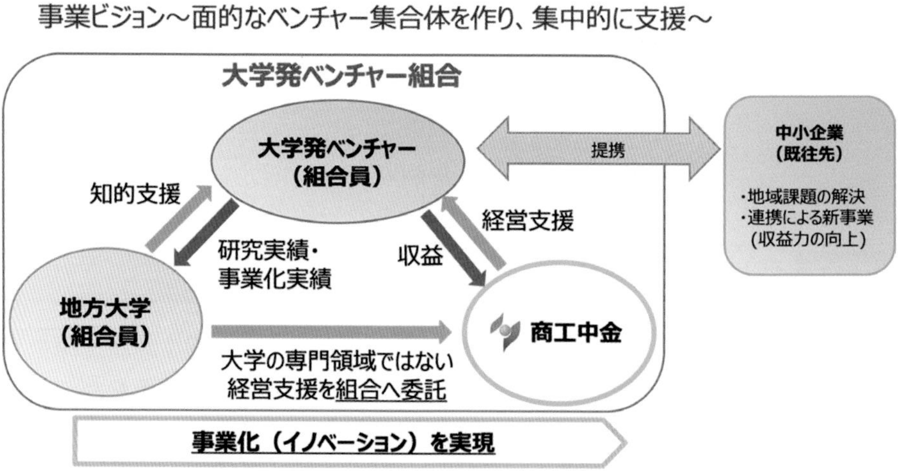

事業ビジョン〜面的なベンチャー集合体を作り、集中的に支援〜

《03》 志を持つ研究者らとの出会い

　このスタートアップ組合構想を実現するために、全国の自治体の中でもとりわけ「産学官金」のオープンイノベーションに積極的に取り組む「ふくいオープンイノベーション推進機構」の事務局機関・公益財団法人ふくい産業支援センターに、構想メンバーであった当職が出向し、地域におけるイノベーション創出や産学連携を学びながら、本構想の実現に取り組みました。

　転機となったのは、福井県の宇宙産業創出に関与していただいている、東京大発ベンチャー「株式会社アークエッジ・スペース」に、本構想について意見を求めた際、「研究成果の社会実装を目指す大学横断コンソーシアム」を構想中の東京大学空間情報科学研究センター・柴崎教授にお会いしてはどうかとご紹介いただいたことでした。

　柴崎教授たちの構想は「宇宙サービスイノベーションラボ（略称：SSIL）」と呼ばれ、宇宙・空間情報科学分野の大学研究者らが、大学という組織の壁を超えて連携し、革新的サービス実現のための技術研究や実証を進める共同の枠組みを作ろうというもので、東京大学、慶應義塾大学、山口大学、東京海洋大学、神戸情報大学院大学に所属する大学教授らが中心となって検討が進められていました。

　そこでは、技術を社会実装するための「サービスデザイン」、収益を生むための「ビジネスモデル開発」、どれだけプラスのインパクトを与えられたかといった「社会経済影響の評価・予測」を重視した研究開発と大学間連携が必要であるという議論がなされており、それを実現するための組織形態やマネジメント体制をどうすべきかについて、まさに頭を悩ませている状況でした。

　この議論の場に呼んでいただき、「事業協同組合」を活用した組織設立や、設立後の運営、資金調達方法についての可能性について紹介・議論する中で、組合としての法人設立を目指していくこととなります。

（図3：SSILの当初構想　※SSIL作成図より）

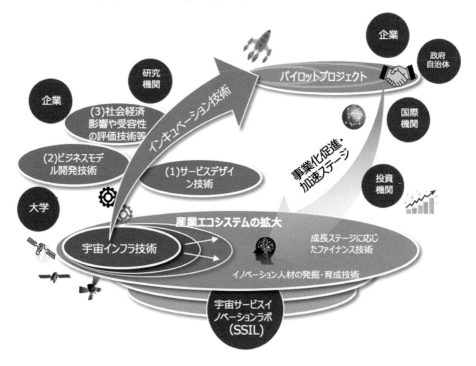

《04　事業協同組合設立プロジェクト、スタート

　まず、共同組織設立を目指すにあたって、誰のどのような課題を解決し得る組織にすべきかを明確にする必要がありました。組織の理念としては研究成果→社会実装を加速させるエンジンになることですが、組織の機能や具体的にどのようなアウトカムを目指していくのかを、SSIL関係者と当職、商工中金本支店スタッフとでディスカッションした結果、「研究成果を事業化する存在であるスタートアップ企業を中心に組織設計する」という方向となりました。

　数ヶ月にわたる議論の結果、以下の機能を備える組織の実現を目指すこととなります。

＜①共同研究開発の受託窓口／マネジメント機能＞

　設立初期の大学発スタートアップは、企業や国からの委託開発事業や共同研究事業が企業活動の中心であることが多く、貴重な収入源となっています。一方で、これらの事業は企画の立案・予算の申請・進捗管理・実施報告など書類業務が大量に発生し、人的リソースの乏しいスタートアップにとっては非常に負担となるため、ともすれば本業の研究開発に割く時間が削られてしまうといった悩みがあります。また、こういった研究開発事業は相対ではなく、3者、4者と複数で実施するケースも多いため、関係者の利害調整や資金・権利の分担といった交渉も対処しなければなりません。

　スタートアップのこうした「非中核業務」をアウトソーシングし、事業化に向けた研究開発にリソースを集中できるように、共同組織が窓口機能とマネジメント機能を担えるようになろうといった議論を進めていきました。

＜②スタートアップどうしの共創・コラボレーション機能＞

　大学発スタートアップは、出身母体である大学から機器の使用など一定の支援を受けることができる一方、獲得した外部資金や研究成果について大学側のルールに縛られることが多々あり、必ずしも自由な事業活動を実施できる環境ではありません。本件構想メンバーからは「他大学の研究室やスタートアップと連携しようとすると、組織の壁に阻まれることがある」という声もあり、シナジーを生み出す機会を逸している状況がありました。

　SSILがまさに大学の垣根を超えて連携しようとするメンバーの集まりですが、近い研究領域であったり、お互いのシナジー効果が高い研究者やスタートアップどうしは、日常的なコミュニケーションや有益な情報の共有など、継続的かつ良好な関係を既に構築していることが多々あります。この、ある種の「チーム」を共同組織という形にすることで、契約による双方の結び付きを更に強くし、事業活動を円滑にする機能を新たに作ろうといった議論が行われました。

＜③大企業との連携・情報発信機能＞

　多くの大学発スタートアップにとって、将来的な事業パートナーを見据えた大企業との連携は、事業を加速させるために極めて重要であり、そうした

連携実績がVC（ベンチャーキャピタル）や金融機関からの資金を引き出しやすくなるため、なるべく早く大企業と連携したいと考えるスタートアップ企業は多く存在します。一方で、投資家からよほど大きな資金調達を受けているか十分な実績がない限り、スタートアップが対外的に評価・注目される機会は少なく、大企業と直接取引するパイプを作ることは非常に困難です。大企業側から見ると、有力なスタートアップとの連携は重視していきたいものの、「得体の知れない」若い企業と取引するのは社内決裁を通すのにそれなりの理由がいることから、調達金額や実績を重視せざるを得ない事情があると言えます。このような双方の期待やタイミングのズレが、スタートアップと大企業が連携を図る上でマイナス要因となっていたため、その溝を埋める役割を共同組織の機能として持つことが求められました。

　そこで、新たな組織ではスタートアップの技術面・事業面の価値を分かりやすく対外発信して周知を図りつつ、大企業に「協業」提案を行い、スタートアップとの連携をコーディネートしていこうと考えました。②による組織としてのシナジーと、共同研究経験が豊富な大学教授らの知見を合わせることで、最初に組合が大企業との連携体制を構築し、プロジェクトベースで組合員（スタートアップ）を巻き込む形を作り、双方の仲介役としての機能確立を目指そうといった議論を行いました。

　その後、以上3つの機能をどの法人形態で実現するのが良いかという議論になった際、当職から事業協同組合での設立を提案いたしました。事業協同組合という形態を取った場合、1.構成員であるスタートアップの平等性が担保されること（1社1票）、2.構成員どうしが互いを支え合うことが基本理念であること（相互扶助）、3.組織として事業活動（収益確保）ができること、以上が制度上の特徴である点を理解いただいた上で、SSILの目指す姿と非常に近かったことから採用されるに至りました。他の候補であった株式会社、社団法人、技術研究組合などはいずれも一長一短ありましたが、総合的に判断し不採用となりました。

　事業協同組合での設立を目指してからは、商工中金がコーディネート役になる形で全国中小企業団体中央会、東京都中小企業団体中央会の協力をいただきつつ、「研究開発の共同受注事業」を核とした新たな組合組織の設計と、

運営体制の構築を更に突き詰めていきました。

　このプロセスでは、設立発起人や将来加入予定のメンバーらとともに合宿を行いながら、組合員それぞれの事業や事業協同組合への理解を深め、設立後の活動計画を詰めていきました。そうした活動を経ながら、トータル約1年をかけ、2021年5月「宇宙サービスイノベーションラボ事業協同組合（SSIL）」がスタートアップ5社によって設立されました。

（図4：組合設立に向けた関係者合宿の様子＠カタショー・ワンラボ）

（図5：宇宙サービスイノベーションラボ事業協同組合の概要　※SSIL作成図より）

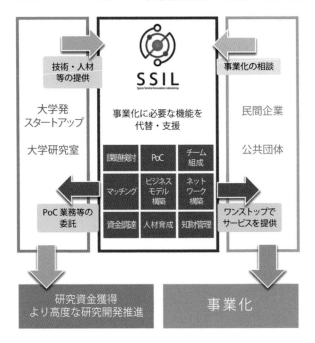

《05　設立後の活動

　宇宙サービスイノベーションラボ事業協同組合の設立後は、専従の専務理事を1名置き、週に1度の定例オンラインミーティングを基本とした活動を設立以来行っています。そこでは、事務局より進捗中のプロジェクトの報告、募集中の国プロ案件や大企業へのコンタクトに関する検討・議論、組合員持ち回りによる最新の技術動向やビジネスの動きについての情報共有が行われており、組合員どうしの関係構築、具体案件の獲得といった成果が着実に積み上がっています。

　実績としては、2021年11月に3.5億円の委託事業である「NEDOサプライチェーンの迅速・柔軟な組換えに資する衛星を活用した状況把握システムの開発・実証」に採択され、当組合が事務局を担ったほか、経団連宇宙開発利用推進委員会部会での講演、アジア最大級の宇宙ビジネスイベント「TOKYO SPACE BUSINESS EXIHIBITION」へのブース出展など様々あり、初年度か

ら精力的な活動成果を残しています。その結果、2022年10月現在で組合員数は13社まで拡大するに至っております。

　また、組合員の中には数億～数十億規模の出資を集め、国内スタートアップ企業の上位に名を連ねる企業に成長するなど、組合活動と組合員の成長の好循環が生み出されつつあります。

（図6：2021年5月SSIL設立シンポジウムの様子（オンライン配信映像））

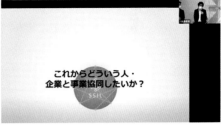

（図7：TOKYO SPACE BUSINESS EXIHIBITION 2022 出展の様子）

《06 今後の展望・期待

　今後、組合としては現在取組中のプロジェクトや企業との協業を通じ、組合員が様々なソリューションを世に生み出し、それによって更に多くの案件獲得に繋げ、組合の価値を高めていくことを目標としています。

　また、組合の更なる機能拡充も目指しており、学生の人材育成の場として組合を活用できないかということを現在検討しています。例えば組合員の事業領域に近い研究を行っている学生を組合事業に参画させ、自らが学んだ知識や技術が、製品などの開発に貢献できるという自信を持たせたり、実際の顧客とのやりとりを通じた社会実装経験を持たせることで、エンジニアとしての知識・技術だけではない実践教育の場を提供することができるのではないかと考えています。これが実現できれば、スタートアップ企業に不足しがちなCEO(最高経営責任者)やCTO(最高技術責任者)あるいはPM（プロジェクトマネージャー）人材を組合が教育し、新たなスタートアップ企業の創出や組合員企業への就職に繋がる好循環が生み出され、スタートアップの人材面の課題解決に貢献する非常に意義深い取り組みになるのではと期待されています。

　当組合の構想から伴走してきた商工中金としては、組合運営が円滑に進むよう経営支援全般や各事業への協力を今後も続けるとともに、各組合員の事業成長もサポートし、組合の理想・夢の実現を支えていきたいと考えています。宇宙サービスイノベーションラボ事業協同組合の存在が、国内スタートアップ業界と中小企業組合の双方にとって有効な先進事例となり、今後も多くの分野で同様の組合が設立され、日本のイノベーションを牽引していくことを大いに期待しています。

（図8：SSILが目指す人材育成事業の姿　※SSIL作成図より）

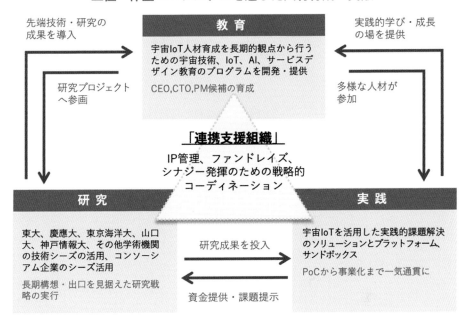

三位一体型エコシステムを通じた人材育成へ貢献

先端技術・研究の
成果を導入

実践的学び・成長
の場を提供

教 育

宇宙IoT人材育成を長期的観点から行う
ための宇宙技術、IoT、AI、サービスデ
ザイン教育のプログラムを開発・提供

CEO,CTO,PM候補の育成

研究プロジェクト
へ参画

多様な人材が
参加

「連携支援組織」

IP管理、ファンドレイズ、
シナジー発揮のための戦略的
コーディネーション

研 究

東大、慶應大、東京海洋大、山口
大、神戸情報大、その他学術機関
の技術シーズの活用、コンソーシ
アム企業のシーズ活用

長期構想・出口を見据えた研究戦
略の実行

研究成果を投入

資金提供・課題提示

実 践

宇宙IoTを活用した実践的課題解決
のソリューションとプラットフォーム、
サンドボックス

PoCから事業化まで一気通貫に

薩摩川内市に「いてよかった！来て良かった！」と思えるまちを目指して。

―全国でも珍しい、異業種の中小企業が加入し構成している事業協同組合薩摩川内市企業連携協議会の取り組み―

宮里　敏郎

事業協同組合薩摩川内市企業連携協議会
事務局長

要　旨

　薩摩川内市企業連携協議会は、企業間の意見交換、技術提携など共に連携できる環境をつくり、市内企業及び市経済の発展、雇用の拡大を図ることを目的に、平成２５年１１月に薩摩川内市内の中小企業７０社が参加し任意団体として設立されました。その後、取り組んだ事業をさらに共同事業として発展させると共に、運営機能の強化・高度化を図るために、平成３０年１０月に事業協同組合に法人化しました。

　当企連協は全国でも珍しい異業種の中小企業で組織される組合で、現在薩摩川内市内の１４１社が加入しています。企連協の任意団体設立時から代表をしている田中博氏（㈱岡野エレクトロニクス代表取締役社長）の熱い思いから「薩摩川内市にいてよかった！来て良かった！」をキャッチフレーズに様々な事業を展開しています。

　企連協の事業は当初の「共同求人事業」「共同販売事業」「教育情報事業」に加え、令和３年９月には外国人技能実習生監理団体の許可を受け、「実習生の共同受入事業」も行っています。

　「共同求人事業」では、市内高校生・大学生への合同企業説明会や地元企業見学会、近隣市町を含む高校や大学の進路指導担当者と会員企業との情報交換会、市民や小学生・中学生に地元企業を紹介するイベント「お仕事博覧会」の開催、中学生を対象としたキャリア教育事業の実施、ＦＭラジオ放送での情報提供番組「企業のチカラ　メイドイン薩摩川内」などを、「共同販売事業」では企業が連携し共同開発した製品の販売、企業の取扱い製品等の販売、全国的な展示会への出展支援、企業間連携の促進、プロスポーツの合宿誘致、独自の製品展示会開催などを、「教育情報事業」では、組合員の要望に応じた各種セミナーの開催、メルマガを活用した各種情報の提供、業務提携のための会員交流会の開催などを、「外国人技能実習生共同受入事業」では、実施者となる会員企業へ令和４年７月に第１期生３名の受け入れをしています。

　また会員同士で情報交換し、問題解決を図ることなどを目的に雇用労務改善部会、地域創造発信部会、人材育成部会、広報部会、ＩＣＴ導入部会、現場改善部会、ものづくりアカデミー推進部会、竹バイオマス部会の８つの部会を設置し、異業種での部員構成の中で、様々な意見交換、勉強会、ミニセミナーなど実施しています。

　当協議会は薩摩川内市内の中小企業が加入する組合です。会員企業の生産性を向上させていくためには各企業の強みを生かし、弱みをカバーする連携が重要です。企連協ではそのための支援を行い「薩摩川内市にいてよかった！来て良かった！」と思えるような活動を展開してまいります。さらに近隣市町とも連携し、広域で経済活動が活性化できるよう活動を拡大していきます。

《01 任意団体から全国でも珍しい異業種の事業協同組合へ

　薩摩川内市では地域経済を発展させ、地元雇用を図るために企業誘致に力を入れてきており、これまで各種優遇制度により京セラ株式会社川内工場、中越パルプ工業株式会社川内工場をはじめ約６０社を誘致してきました。しかしながら近年では企業の地方への進出は厳しく、これからは誘致企業も含めた地元企業が連携し、地域経済を活性化させる「内発型産業振興」を展開していく必要があります。そこで市では、企業間の意見交換、技術提携など共に連携できる環境をつくり、市内企業及び市経済の発展、雇用の拡大を図ることを目的に、平成２５年１１月に市内中小企業７０社が参加した任意団体として「薩摩川内市企業連携協議会」を設立しました。

　任意団体としての活動では、講演会や交流会、技術提携を目的とした企業見学会、先進企業視察、学校と企業の情報交換会の実施、さらにはリーディングプロジェクトとして、会員企業１８社と大学、高校が連携した独立電源型ＬＥＤ街路灯（通称スマコミライト）を開発・製造し、市内に１２０基設置しました。

　取り組んだ事業をさらに共同事業として発展させると共に、運営機能の強化・高度化を図るために、平成３０年１０月には異業種が加入する全国でも珍しい事業協同組合に法人化し、現在１４１社が加入しています。また賛助会員として大企業を含め公的機関、学校法人、医療福祉法人など３９団体も加入しています。

　企連協の任意団体設立時から代表をしている田中博氏（㈱岡野エレクトロニクス代表取締役社長）の熱い思いから、みんなが「薩摩川内市にいてよかった！来て良かった！」と思えるまちを目指して積極的な事業を展開しています。

　事業協同組合としての企連協の事業は、法人化当初は「共同求人事業」「共同販売事業」「教育情報事業」でしたが、令和３年９月には外国人技能実習生監理団体の許可を受け、「外国人技能実習生共同受入事業」も行っています。これが事業の４本柱です。

組織図

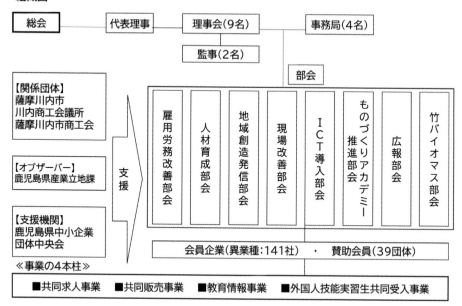

《02 取り組み事業の紹介

（1）共同求人事業

　企連協の取り組みを事業ごとに紹介します。まず共同求人事業です。

　中小企業では単独での求人活動には限界があります。しかしながら中小企業であればあるほど、学生や市民にその存在を周知しなければ人材確保はできません。そこで企連協では次のコンセプトに分けて積極的に会員企業を紹介しています。

高校生・大学生に対して	
○企業見学会	生徒等が企業を訪問し、直接事業内容を学びます。
○合同企業説明会	企業が生徒等に対し直接会社概要を説明します。

高校・大学等の進路指導担当者に対して	
○学校と企業の情報交換会	企業の人事担当者と学校の進路指導担当者が直接情報交換します。
○企業見学会	学校の進路指導担当者が直接企業を見学し、事業内容を学びます。
市民（保護者）、小・中学生に対して	
○企業紹介イベントの開催	企業のPRイベント（展示会）を開催します。
○企業PR動画の配信	企業のPR動画を作成し配信します。
○中学生のキャリア教育	企業から講師を派遣し職業講話等によるキャリア教育を行います。
移定住促進とあわせてUIターン者の確保促進	

　具体的に取り組みの内容を紹介します。

ア．合同企業説明会

　市内及び近郊の企業が一堂にサンアリーナせんだい（市体育館）に集まり、市内及び近隣の高校生・大学生に参加してもらい、企業の担当者による説明会を実施しています。薩摩川内市が主催で行いますが、関係団体として企連協も運営に協力しています。令和4年3月の開催では、60社が出展し、生徒・学生約500人が参加しました。

イ．学校と企業の情報交換会

　近隣市町を含む高校・大学等の進路指導担当者と会員企業が求人情報や学生の動向などについて情報交換します。令和4年6月の開催では32社と19校が参加しました。

ウ．企業見学会

　市内の高校生・大学生が学校ごとに直接会員企業を訪問します。訪問先は

学校で希望をとり、関心の高い企業を見学し、仕事内容等の説明を受けます。毎年市内の３高校と２大学校を対象に実施しています。また進路指導担当者による企業見学会も実施します。

エ．キャリア教育事業

市内の中学生を対象に授業の中で会員企業の社員が講師となり、企業の紹介をするとともに、仕事のやりがいや働くことの意義、大切さを伝え、将来のつきたい職業について考える機会を与えています。

オ．お仕事博覧会

市民の方々に広く会員企業を知ってもらい、身近に感じていただくことで企業製品の販売促進、サービスの利用促進と併せて地元企業への就職促進を図ります。まず地元の企業を地元の皆さんによく知ってもらうことが地元人材確保への一番の決め手となると考えています。

カ．ＦＭラジオ番組「企業のチカラ　メイドイン薩摩川内」

地元のコミュニティＦＭ放送で、毎週木曜日夕方６時から３０分の番組に会員企業が出演し、事業内容や社内イベント等の紹介をしています。年間約４０社が出演しています。

キ．企業ＰＲ動画作成

企業を紹介するためにはＰＲ動画は不可欠なものです。しかしながら中小企業ではその作成も課題の一つです。企連協では会員企業のメンバーで撮影編集を行い、ＰＲ動画を作成する事業も実施しています。これまでに１０社の動画を作成しています。

ク．UIターン者確保事業

　地元求人に加え、大都市圏からの転職者確保のために、福岡、東京での転職フェアに企連協として出展し、会員企業の求人情報を紹介しています。また薩摩川内市の移定住施策も紹介し、転入・転職者確保に努めています。

（2）共同販売事業

　2つ目の事業は、共同販売事業です。

　企連協では会員企業が製造もしくは取り扱っている製品等の共同販売を行っています。共同販売では販売手数料をもらうこととし、これが企連協の活動財源にもなります。

ア．会員企業製品の共同販売

　リーディングプロジェクトとして、会員企業１８社と市内大学高校２校が開発製造している独立電源型ＬＥＤ街路灯「スマコミライト」を共同販売し、市内外に約３５０基設置しました。このライトは市が実施した市民アンケートから、「街灯がなく暗いところがある、停電時に暗くて不安」といった声をもとに共同開発した製品です。また防災製品の共同販売も行なっています。会員企業と関連企業、薩摩川内市が実証実験して開発した防災マットや、浸水を防ぐ止水板など共同販売しています。このほか食品加工会社の商品の共同販売や高性能ライトなどの販売も行っています。

イ．スポーツ合宿誘致

　女子プロサッカーチームの合宿を誘致しています。これにより宿泊先となるホテルや弁当を取り扱う企業、送迎を行う企業などの販売促進につながります。またプロのチームと地元チームが交流できることで、地元の若い選手たちに刺激と夢を与えることもできます。

ウ．製品展示会への出展

　製造関係、食品関係の全国規模の展示会に出展し、販路開拓、新規取引拡大につなげられるよう会員企業を支援しています。

エ．防災減災対策展示会の開催

　スマコミライトなど会員企業が製造もしくは取り扱っている防災関連製品の販売を促進するとともに、市民の皆さんの災害に対する不安を少しでも解消できるよう、令和４年７月鹿児島県内初となる「防災・減災対策フェアin薩摩川内」を全国から関連企業２２社が参加して開催しました。２日間で約５５０名の来場がありました。豪雨、台風、地震など全国で毎年のように大災害が発生している中、自治体からの参加者も多く、高い関心が寄せられています。

オ．企業間連携（事業マッチング）事業

　中小企業はそれぞれが優れた技術を持っています。それらを連携することで単体企業では受注できない、製造できない製品も開発・製造・販売することが可能となります。そのための事業連携は不可欠です。スマコミライトに続く、第２、第３弾の製品開発のために、企業同士が情報交換し、連携する取り組みを支援しています。

（３）教育情報事業

　３つ目の事業は教育情報事業です。会員企業へ市からの情報をはじめ様々な情報をタイムリーに伝えるとともに、企業にとって必要なセミナーの開催や独自の研修会などを実施しています。また異業種間の連携という企連協の特徴を最大限に生かしながら、各企業の強みを生かし弱みを補うことを目的に部会を設置しており、異業種の企業が参加することで様々な意見やアイデアが出され、活発な活動を展開しています。

ア．メルマガによる情報発信

　企連協ではメールマガジンでタイムリーに会員企業に情報を発信できる体制を整えています。国や鹿児島県、薩摩川内市、関係団体からの各種補助・

支援制度等の情報や新型コロナウイルス関連の情報などを随時発信しています。また企連協の事業についても随時情報発信し、情報の共有を図っています。毎年約120回発信しています。

イ．セミナー・研修会の開催

　企業の実情に応じたテーマを設定し、国の補助を活用し年3回の生産性向上支援訓練セミナーを開催しています。また会員企業の要望に応じて女性活躍セミナーや中途採用手法セミナー、知的財産権研修、産業廃棄物研修、イクボスセミナーなど多種多様な研修会も実施しているほか、毎年新入社員を対象とした新入社員研修・フォローアップ研修も開催しています。令和4年4月の新入社員研修には15社52名が参加しました。

ウ．会員交流

　企業間の連携のためには何よりも交流が大事です。総会や新年会、スポーツ交流活動等をとおして企業がお互いの事業内容を理解し合えることにより、企業間での新たな取引展開、ビジネスマッチングが展開できるよう交流の場を提供しています。

エ．部会

　異業種の連携という企連協の特徴を最大限に生かし、企業連携と課題解決を目指すために8つの部会を設置しています。希望する会員企業が参加、いずれも担当理事を配置し、部会長を選任し効果的な運営を行っています。部会で協議した内容については、他の会員企業にも活用できるよう展開しています。部会ごとに取り組み内容を紹介します。

（ア）雇用労務改善部会

　雇用労務に関する企業の課題を研究し、適切な労務管理で働きやすい職場環境の構築を目指しています。企業でありがちな採用時のトラブル、退職時のトラブルを防ぐために、会社として整えておくべき書類や様々な事例に対応するための手順等を整理した「採用・入社・退職マ

ニュアル」を部会メンバーで作成し、会員企業に提供しています。またセクハラ・パワハラセミナーや人事評価研修会など雇用労務に関する勉強会を会員企業に呼びかけながら実施しています。

（イ）地域創造発信部会

フェイスブックの活用やYouTubeなどの媒体を活用した、業績アップにつながるような企業の魅力を発信する方法を研究するとともに、地域の情報も発信しています。企連協でYouTubeなどのページを立ち上げ、各企業の情報も発信しています。

（ウ）人材育成部会

企業の人材育成に必要なセミナー、中堅社員研修会などを実施しています。また企業にとって必要な知識を学ぶため、産業廃棄物研修や知的財産権研修、女性活躍研修なども行っています。

（エ）広報部会

年３回組合広報誌を発行しています。会員企業を取材訪問し、その内容も掲載、企業ＰＲも積極的に行います。

（オ）ＩＣＴ導入部会

この部会には大学からも専門の先生が参加し、独自の製品開発をしています。スマコミライトから電源をとり、学校教材用として気象情報をリアルタイムに取得できるスマート百葉箱を研究・開発しました。さらに災害対応機材としてリアルタイムで画像を送信できる機材なども開発し、今後商品化を進めていきます。

（カ）現場改善部会

会員企業を実際に現地視察し、安全確保や作業効率性について協議し、生産性向上を目指します。企業からの要望に応じ、改善提案も行ない作業効率のアップを図っています。

（キ）ものづくりアカデミー推進部会

市内小学生を対象に、「薩摩川内市少年少女発明クラブ」を立ち上げ、運営しています。会員企業が講師となり、子供たちがモノづくりに関心を持ってもらえるよう、木工、電気、モーター、ロケットなどの活動をとおして、モ

ノづくりの楽しさ、大切さを伝えています。

（ク）竹バイオマス部会

当地域は竹林が多く、竹の利活用が課題となっています。市とも共同しながら竹の有効活用について協議・研究しています。

（4）外国人技能実習生共同受入事業

4本目の事業が外国人技能実習生共同受入事業です。

企業から実習生受入の要望があり、令和3年9月に監理団体の許可を取得しました。企業にとって技能実習生の受け入れを行うことは、向上心旺盛な若者による企業の活性化が図られる、現場の改善や生産性の向上が見込める、優秀な人材を安定して受け入れることができるなどのメリットがあります。現在2企業がベトナム人3名を受け入れています。今後も希望する企業について支援していきます。

《03　今後の展望

薩摩川内市企業連携協議会は全国でも珍しい異業種の中小企業が加入している組合です。地域経済を支えている地元中小企業がさらに経営力を強化し、生産性を向上させていくには、それぞれの企業の強みをさらに生かし、弱みをカバーしていくための様々な連携が重要です。会員企業が連携して共同求人、共同販売、共同研究・開発を行うことで、さらに生産性を向上させなければなりません。企連協はその活動を支援していきます。

全国の99％は中小企業であり、その中小企業が活性化することが地域を活性化することに繋がることは言うまでもありません。企連協は今後も「薩摩川内市にいてよかった！来て良かった！」と思ってもらえるよう積極的な活動を展開してまいります。

さらに近隣市町、近隣企業へも呼びかけ、この取り組みを広域的なものとし、さらに幅広い連携で「この地域にいてよかった！来て良かった！」と思ってもらえるよう地域全体の活性化を目指して活動していきます。

第26回中小企業活性化懸賞レポート審査委員

審査委員長	明治大学専任教授	森下　　正
審 査 委 員	山形大学准教授	吉原　元子
審 査 委 員	中小企業基盤整備機構 高度化事業部長	山添　　望
審 査 委 員	日本商工会議所 中小企業振興部長	加藤　正敏
審 査 委 員	全国中小企業団体中央会 振興部長	難波　智雄
審 査 委 員	商工組合中央金庫 常務執行役員	本幡　克哉
審 査 委 員	商工組合中央金庫 業務企画部長	荒井　哲郎
審 査 委 員	商工総合研究所 専務理事	青木　　剛
審 査 委 員	商工総合研究所 常務理事	浅黄　久隆

第26回 2022年度
中小企業活性化懸賞レポート受賞作品集

2023年3月20日　初版発行
　　　　　　　　定価：770円（本体700円＋税10％）
　編集・発行　一般財団法人　商工総合研究所
　　　　　　　〒103-0025
　　　　　　　東京都中央区日本橋茅場町2-8-4 全国中小企業会館3階
　　　　　　　TEL 03-6810-9361㈹
　　　　　　　FAX 03-5644-1867
　　　　　　　URL https://www.shokosoken.or.jp
　発　売　所　官報販売所
　印　刷　所　株式会社宮崎南印刷

ISBN 978-4-901731-42-3
C2034 ￥700E